AF390605

CATALOGUE

DE

BELLES TAPISSERIES

DES XVIᵉ, XVIIᵉ ET XVIIIᵉ SIÈCLES

ÉTOFFES LOUIS XIV ET LOUIS XV

OBJETS D'ART

ET D'AMEUBLEMENT

MEUBLES ET SIÈGES ANCIENS

Objets variés

PROVENANT DU CHATEAU DE X***

ET DONT LA VENTE AURA LIEU

HOTEL DROUOT, SALLE Nᵒ 1

Le Jeudi 1ᵉʳ Décembre 1892

à 2 heures

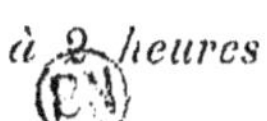

COMMISSAIRE-PRISEUR	EXPERT
Mᵉ PAUL CHEVALLIER	**M. CH. MANNHEIM**
10, rue de la Grange-Batelière, 10	7, rue Saint-Georges, 7

EXPOSITION PUBLIQUE

Le Mercredi 30 Novembre 1892, de 1 heure 1/2 à 5 heures 1/2

CONDITIONS DE LA VENTE

Elle sera faite au comptant.

Les acquéreurs payeront *cinq pour cent* en sus des adjudications, applicables aux frais de la vente.

L'exposition mettant le public à même de se rendre compte de l'état des objets, aucune réclamation ne sera admise une fois l'adjudication prononcée.

Paris. — Imp. de l'Art, E. Ménard et Cie, 41, rue de la Victoire.

DÉSIGNATION DES OBJETS

TAPISSERIES

1 — Grande tapisserie du xvi⁰ siècle : Épisode tiré de la légende de Gombault et Macé. Des paysans dansent en se tenant par la main autour d'un joueur de cornemuse. Au fond, des habitations; çà et là, à la partie supérieure, des devises joyeuses en langue française. Bordure de fleurs, têtes de béliers et instruments divers sur fond bis.

Haut., 3 m. 50 cent.; larg., 4 m. 45 cent.

2 — Tapisserie flamande du xvi⁰ siècle : Sujet guerrier dans un paysage avec château fort. Bordure de scènes de

chasse et divinités de la mer avec figures humaines debout à chaque angle.

Haut., 2 m. 60 cent.; larg., 3 m. 80 cent.

3 — Grande tapisserie flamande du XVIe siècle : Réunion d'un grand nombre
d'animaux au premier plan avec chas-
seurs au fond. Bordure composée de
figures allégoriques, groupes de fruits et
vases de fleurs sur fond jaune.

Haut., 3 m. 35 cent.; larg., 5 m. 20 cent.

4 — Tapisserie du XVIe siècle : Écusson
armorié timbré d'un casque, fond de
feuillages. Bordure de trophées avec
quartier de l'écu à chaque angle.

Haut., 2 m. 25 cent.; larg., 2 m. 60 cent.

5 — Tapisserie de la fin du XVIe siècle :
Écusson armorié dans un cartouche se
détachant sur fond bleu chargé de rinceaux. Bordure d'ornements sur fond
orangé.

Haut., 2 m. 10 cent.; larg , 2 m. 50 cent.

6 — Petite tapisserie du xvie siècle : le
Départ pour la chasse.

Haut., 2 m. 15 cent.; larg., 1 m. 75 cent.

7 — Tapisserie verdure du xvie siècle, avec
encadrement.

Haut., 3 m. 25 cent.; larg., 2 m. 90 cent.

8 — Grande tapisserie de Bruxelles, tissée
d'argent, datée 1668 : Diane à la chasse;
au fond, une prairie et un château. Bordure sur deux côtés, composée de trophées et fleurs.

Haut., 4 m. 75 cent.; larg., 3 m. 15 cent.

9 — Grande tapisserie de Bruxelles,
xviie siècle, signée *H. Reydams* :
Groupe de divinités dans un paysage
boisé ; large bordure composée de cariatides, oiseaux, corbeilles de fleurs, trophées d'armes, rinceaux et animaux.

Haut., 4 mètres; larg., 4 m. 90 cent.

10 — Tapisserie du xviie siècle : Sujet tiré

de l'Histoire romaine. Bordure composée d'animaux et trophées avec légende latine à la partie supérieure.

Haut., 3 m. 80 cent.; larg., 2 m. 60 cent.

11-12 — Deux grandes tapisseries des Flandres du xviie siècle : Divinités dans un parc orné de pièces d'eau. Bordure de fleurs et fruits sur fond marron.

Haut., 3 m. 5 cent. et 2 m. 95 cent.
Larg., 5 m. 50 cent. et 4 m. 70 cent.

13 — Bordure de tapisserie de Bruxelles, marquée *F. V. H.*, xviie siècle, composée de deux colonnes à cannelures torses et chapiteaux corinthiens, reliées par des cartouches de paysages avec glaces et festons de fruits à la partie supérieure.

Haut., 4 m. 35. cent.; larg., 3 m. 10 cent.

14 — Grande et belle tapisserie du commencement du xviiie siècle : Réception de Don Quichotte au palais du duc. Dans une salle du château, Don Quichotte est revêtu de beaux habits par deux demoi-

selles, une troisième lui présente un miroir ; d'autres l'admirent ou s'entretiennent avec Sancho. Par une baie située au fond, on aperçoit la campagne. Bordure sur deux côtés simulant des cadres dorés.

Haut., 2 m. 90 cent.; larg., 6 m. 15 cent.

15 — Grande et belle tapisserie de la même suite que la précédente : Don Quichotte à la chasse avec le duc et la duchesse. Don Quichotte, en armure de chevalier, attend bravement, l'épée au poing, le sanglier harcelé par la meute et les piqueurs. A droite, au second plan, le duc et la duchesse assistent à la scène ; fond de verdure. Bordure simulant un cadre doré sur deux côtés.

Haut., 2 m. 90 cent.; larg., 5 m. 70 cent.

16 — Suite de cinq tapisseries d'Aubusson du XVIIIe siècle : sujets champêtres, dans le goût de Boucher :

L'Escarpolette et le jeu de macarons.

Haut., 2 m. 10 cent.; larg., 3 m. 80 cent.

Le Jeu du pigeon-vole.

Haut., 2 m. 10 cent.; larg., 1 m. 50 cent.

Verdure et ruines.

Haut., 2 m. 10 cent.; larg., 1 m. 26 cent.

Bestiaux au pâturage et paysans au repos.

Haut., 2 m. 10 cent.; larg., 2 m. 85 cent.

La Fontaine.

Haut., 2 m. 10 cent.; larg., 1 m. 50 cent.

17 — Suite de quatre tapisseries d'Aubusson, fin du règne de Louis XV : sujets de marines, dans le goût de Joseph Vernet. Ils sont compris entre des colonnes corinthiennes cannelées et enguirlandées reliées à la partie supérieure par des festons et des couronnes de roses suspendues à des rubans.

Haut., 2 m. 25 cent.

Larg., 5 m. 60 cent.; 3 m. 30 cent.; 2 m.; 1 m. 25 cent

18 — Grande tapisserie des Flandres, dans le

goût de Téniers : sujets champêtres, château dans le lointain. XVIIIe siècle.

Haut., 2 m. 85 cent.; larg., 3 mètres.

19 — Grande tapisserie de Bruxelles, signée *G. V. Leefdael*, XVIIIe siècle : Diane et ses suivantes. Le groupe des divinités est placé au premier plan dans une forêt. Large bordure composée de trophées d'armes, vases d'orfèvrerie, fruits et fleurs, attributs de la royauté.

Haut., 4 m. 75 cent.; larg., 3 m. 15 cent.

20 — Grande tapisserie des Flandres du XVIIIe siècle : Diane au repos et Endymion. Elle est étendue sur un chemin au milieu d'une forêt avec cours d'eau, animaux et habitations. Bordure de feuillages et fleurs à fond havane sur trois côtés.

Haut., 2 m. 75 cent.; larg., 4 m. 60 cent.

21 — Grande tapisserie des Flandres du XVIIIe siècle : le Retour du chasseur. Au

fond, paysage avec cours d'eau. Bordure
de feuilles d'acanthe, postes et pirouettes
sur champ bleu.

Haut., 3 m. 15 cent.; larg., 2 m. 85 cent.

22 — Grande tapisserie d'Aubusson du XVIIIᵉ
siècle : le Jeu du cheval fondu, dans un
paysage boisé avec habitations. Bordure
formée d'une grosse moulure enguir-
landée de fleurs.

Haut., 2 m. 90 cent.; larg., 3 m. 25 cent.

23 -- Tapisserie flamande du XVIIIᵉ siècle :
verdure avec bordure de fleurs sur fond
jaune.

Haut., 3 mètres; larg., 2 m. 45 cent.

24 — Autre tapisserie de la même suite que
la précédente. Elle a été divisée en deux
parties.

Haut., 3 m. 10 cent.; largeur totale, 4 m. 30 cent.

25 — Tapisserie du XVIIIᵉ siècle : grands per-

sonnages vêtus à l'antique. Bordure de feuillages à fond marron.

Haut., 3 mètres; larg., 2 m. 60 cent.

26 — Tapisserie verdure d'Aubusson, XVIIe siècle, avec oiseaux et habitations.

Haut., 2 m. 10 cent.; larg., 2 m. 60 cent.

27 — Deux bandeaux en tapisserie des Flandres à dessin de coquilles et fleurs.

Haut., 30 cent.; larg., 2 m. 10 cent. et 1 m. 90 cent.

28 — Deux pentes en tapisserie : feuillages, fleurs, oiseaux et rubans. Elles sont accompagnées de deux rideaux en velours de lin grenat.

Hauteur des bandes : 3 m. 10 cent.; larg., 32 cent.

ÉTOFFES

29 — Robe défaite du temps de Louis XV, en soie mauve brochée à fleurs et lamée d'argent.

30 — Chape en soie crème brochée à fleurs
et lamée d'argent. Époque Louis XIV.

31 — Robe du temps de Louis XV en soie
crème brochée à fleurs et feuillages.

32 — Chape en soie armurée violet brodée
or et argent à ramages, fleurs et feuillages. Époque Louis XIV.

33 — Robe et sa jupe Louis XV, en soie
gorge de pigeon brochée à fleurs avec
rehauts de parties métalliques et imita-
tion de dentelle.

34 — Grande portière composée de trois lés
en velours de Gênes à riche dessin pon-
ceau sur fond crème.

Haut., 4 m. 20 cent.; larg., 1 m. 65 cent.

35 — Chape Louis XVI en soie rayée à
bandes alternées rouge et crème à fleurs,
orfroi et chaperon en soie orangée brochée à fleurs.

36 — Six lés de soie bleue brochée à larges
fleurs Louis XIV.

37 — Robe défaite Louis XV, en soie bleu
clair brochée à branches de fruits et
fleurs et rehaussée de parties métalliques.

38 — Petit tapis de Recht en mosaïque de
drap à fleurs et entrelacs.

39 — Robe du temps de la Régence en gros
de Tours mauve broché à fleurs et rubans en soie et argent.

40 — Robe Louis XV en soie fond abricot
et fleurs brochées.

41 — Jupe en étoffe russe à dessin d'argent
sur fond or métallique.

42 — Kachemire turc à fond rouge à bro-
derie métallique et compartiments variés
de nuances.

43 — Tapis en satin bleu de Chine, brodé à fleurs et insectes en soie de couleur.

44 — Tapis en soie Louis XV, saumon clair à fleurs brochées, et encadrement à fond blanc.

45 — Chasuble Louis XIV en soie brochée.

46 — Tapis composé de lés de velours rouge, avec application de rosaces et rinceaux métalliques.

Haut., 2 m. 60 cent.; larg. 6 m. 60 cent.

MEUBLES

47 — Console du temps de la Régence, en chêne sculpté, à décor de mascaron et rinceaux sur pieds à volutes, surmontés de têtes de satyres. Tablette en marbre brun veiné.

Larg., 1 m. 15 cent.

48 — Console du temps de Louis XV, en

bois sculpté et peint. Bandeau enguir-
landé et pieds contournés reliés par un
vase couvert.

Larg., 90 cent.

49 — Petite console en bois sculpté, peint
et doré, du xviiie siècle. Pieds contournés
reliés par une traverse supportant une
figurine d'Amour ; bandeau découpé à
jour à coquilles et festons de fleurs.
Dessus de marbre blanc.

Larg., 90 cent.

50 — Commode Louis XV en marqueterie
à fleurs en bois de violette sur fond bois
de rose, garnie de bronzes et à dessus de
marbre.

51 — Console - étagère Louis XVI, en bois
d'acajou, garnie de bronzes et à dessus
de marbre blanc veiné.

52 — Petit écran ovale en bois doré du temps
de Louis XVI ; feuille en satin blanc brodée à fleurs au point de chaînette.

53 — Table Tronchin en acajou.

54 — Petit bureau bonheur du jour, du temps de Louis XVI, en acajou, avec moulures et galerie de cuivre.

55 — Table-toilette du temps de Louis XV, en marqueterie de bois à damier.

56 — Table à ouvrage de forme ovale en citronnier et acajou; dessus de marbre blanc et galerie de cuivre.

57 — Table à jouer en bois de placage avec échiquier.

58 — Petite table ovale du temps de Louis XV, à quatre pieds cintrés en marqueterie de bois de rose, à quadrillages et rosaces, chutes en bronze ciselé; dessus de marbre blanc veiné.

59 — Table à thé en bois noir, placage d'ébène avec incrustations de cuivre, pied en X, garni d'ornements en bronze ciselé et doré. Style Louis XVI.

SIÈGES

60 — Meuble de salon composé d'un canapé et huit fauteuils du temps de Louis XV, en bois sculpté et doré ; ils sont garnis, mais non couverts.

61 — Six fauteuils du temps de la Régence, en bois peint, à coquilles.

62 — Deux banquettes du temps de Louis XVI en bois doré, à frise de postes et rosaces ; sur six pieds cannelés.

Larg., 2 m. 70 cent.

63 — Fauteuil Louis XV en bois sculpté, couvert en tapisserie, à trophées et vase de fleurs sur fond blanc avec encadrement rouge.

64 — Fauteuil Louis XV en bois sculpté, couvert de soie brochée à fleurs sur fond brun.

65 — Chaise longue en deux parties, du temps de Louis XV, en bois sculpté.

66 — Deux banquettes du temps de Louis XV
en bois sculpté; siège canné.

67 — Deux autres du temps de la Régence,
à fleurs et ornements.

68 — Quatre fauteuils du temps de Louis XVI
en bois peint, dossier à médaillon ovale;
ils sont garnis en blanc.

69 — Deux fauteuils du temps de Louis XV
en bois sculpté et peint, dossier à con-
tours surmonté d'un ruban; ils sont garnis, mais non couverts.

70 — Quatre chaises Louis XVI en bois
à dossier sculpté et découpé à jour.

OBJETS VARIÉS

71 — Cartel Louis XVI en forme de vase sur
socle cul-de-lampe, en bronze ciselé et
doré, sur fond bleui.

Haut., 73 cent.

72 — Horloge Louis XVI, en chêne sculpté
à fleurs, rosaces et attributs.

73 — Harpe du temps de Louis XVI, en bois
laqué, à sujets chinois, sur fond noir,
avec crosse en bois sculpté et doré à
fleurs et guirlandes, et coffre rehaussé
de peintures à l'huile : paysages, fleurs et
attributs.

74 — Bas-relief en marbre blanc : buste
d'homme de profil à gauche, sur fond
doré. Cadre en noyer.

75 — Deux vases en terre cuite : ronde de
nymphes, et anses mascarons. xviiie siècle.
Haut., 75 cent.

76 — Porte double en fer forgé et doré, à
rinceaux.
Haut., 2 m. 10 cent.; larg., 1 m. 40 cent.

77 — Panneau rectangulaire en fer repoussé
avec monogramme, cartouche, rinceaux
et mascaron rehaussé de dorure. Cadre
en bois.
Haut., 82 cent.; larg., 1 m. 55 cent.

78 — Petit miroir avec large cadre en bois
sculpté et doré à rinceaux découpés se
détachant sur fond de glace.

79 — Deux grandes verrières composées de
vitraux à cariatides, armoiries et sujets
variés.

80 — Glace italienne avec large cadre en
bois sculpté et doré à moulures, figures
d'enfants en ronde bosse et groupes de
fruits.

Haut., 1 m. 80 cent.; larg., 1 m. 50 cent.

81 — Glace de style Louis XIV, avec encadrement de glace et de bois doré.

Haut., 2 m. 15 cent.; larg., 1 m. 10 cent.

82 — B. VAN DER HELST. Sujet allégorique
composé de trois figures. Toile.

83 — GÉRARD HONTHORST. Le Spadassin.
Toile.

www.ingramcontent.com/pod-product-compliance
Lightning Source LLC
LaVergne TN
LVHW020849200726
843508LV00003B/1102